Wer bläst den Kürbis auf?

Eine Pflanzen-Schöpfungs-Geschichte

Heike Hagenmaier

Bibliographische Informationen der Deutschen Nationalbibliothek. Die deutsche National-
bibliothek verzeichnet diese Publikation in der deutschen Nationalbibliographie;
detaillierte bibliographische Daten sind im Internet abrufbar unter http:/dnb.d-nb.de

Impressum:
Titel: Wer bläst den Kürbis auf?
Eine Pflanzen-Schöpfungs-Geschichte
© 2021 Heike Hagenmaier
Grafische Gestaltung: Heike Hagenmaier
e-mail: heike-hagenmaier-tbt@t-online.de

ISBN 9783754322722
Erscheint auch als E-Book

Herstellung und Verlag: BoD - Books on Demand, Norderstedt

Vollkommen überarbeitete Neuauflage September 2021

Vorlesebuch für Kinder von 5 bis 8 Jahren

Erstauflage Januar 1994 im TBT Verlag, Sierksdorf, unter dem Pseudonym Eva Maries

ERNTEDANK
Wer bläst den Kürbis auf?

Wer bläst den Kürbis auf?
Pflanzen-Schöpfungs-Geschichte

Am Nachmittag gingen sie alle in den Garten. Die Sonne erwärmte die spätsommerliche Luft. Es roch auch schon ein wenig nach Ernte, und die Schwalben bereiteten sich auf ihren langen Flug in den Süden vor.

David sah der Mutter bei der Gartenarbeit zu. Sie kniete im Kürbisbeet. „Schau einmal", sagte sie, „wie groß dieser Kürbis geworden ist!"

Sie strich über die gelbe Frucht, fuhr mit dem Zeigefinger über den grünen Stengel. Da blieb er liegen. Marcus kam gerade vom Komposthaufen zurück und rief voll Bewunderung:

„Der Kürbis wiegt mindestens zehn Zentner oder vielleicht auch noch mehr!"

Die Mutter schüttelte den Kopf, aber ehe sie antworten konnte, fragte David schon: „Wo ist denn jetzt die gelbe Blüte hin? Da war doch immer eine!" Er bückte sich und sah sich den großen Kürbis ganz genau an. Marcus beobachtete seinen Bruder und rief: „Die hat die Igelin Emmi doch aufgefressen, das kannst Du gerne noch einmal genau in meinem Kürbistagebuch nachlesen! Falls Du überhaupt schon lesen kannst!"

Aber David hörte gar nicht zu. Ja, der Kürbis sah wirklich wie ein gelber Riesenluftballon aus. Er überlegte, und plötzlich fragte er:
„Mama, wer bläst den Kürbis auf?"
Er schüttelte den Kopf und sah sie fragend an:

„Mama, ich meine, eh... Wer lässt den denn so groß wachsen? Der sieht doch wirklich wie ein richtiger Luftballon aus!"

Marcus wollte gerade seine Schwester Sarah in die Schubkarre heben. Beinahe hätte er sie losgelassen. Die Karre kippte um, aber Sarah konnte sich zum Glück noch an seinen Armen festhalten!

„Mensch, Du!" schimpfte sie und hielt sich lieber an Marcus Arm fest. Er fuchtelte ja immerfort in der Luft herum.

„Hört diesen Spinner! Aufblasen, 'nen Kürbis?!" rief er und fasste sich an den Kopf. Er setzte Sarah nun in die Schubkarre. Die Mutter richtete sich auf.

„Du sagst doch auch, dass dieser Kürbis mindestens zehn Zentner wiegt..."

„Na ja!" lenkte er ein. „Aber das ist doch ehrlich blöd. Einen Kürbis aufblasen? Der hört wohl seinen eigenen Piepser da oben?" fragte Marcus. Er tippte mit dem einen Zeigefinger an die Stirn, mit dem anderen zeigte er auf David.
Sarah saß nun wieder sicher in der Schubkarre und ließ Marcus Arm los und Mama mahnte:
„Na, nun hör' aber 'mal auf! Was soll denn das bitte wieder in richtigem Hochdeutsch bedeuten, Marcus?"

Familie Rumpelsteins
Anzuchterde

Wie, wann und warum wächst eine einzige Pflanze größer als alle anderen?

„Ja, dann sag' du es mir, Marcus. Warum ist dieser Kürbis eigentlich so groß geworden?"

Marcus schien sich darüber aber auch noch keine Gedanken gemacht zu haben.

„Der wächst eben! Der braucht Sonne, und auch Regen, ist doch ganz klar!" meinte er. Er zeigte auf das Kürbisbeet und überlegte laut:

„Ich hab' doch selber diese Dinger da, diese teuren Kürbiskerne, die meine ich, in Familie Rumpelsteins Spezialanzuchterde gesteckt!"

Er schüttelte den Kopf. Sarah wollte es sich gerade in der Schubkarre so richtig gemütlich machen. Sie richtete sich neugierig auf:
„Was ist das denn, Spezial-Anzug-Erde?"
Das lange Wort Spezial-Anzuchterde hatte Marcus ganz bestimmt absichtlich ein bisschen vernuschelt! Er schaute auch gleich ganz erwartungsvoll auf seine kleine Schwester.

„Wieso denn Anzug-Erde, Marcus?" fragte Sarah noch einmal.

„Das hat überhaupt nichts mit 'nem Anzug zu tun," erklärte Marcus. Er betonte jetzt jede Silbe:

„Anzucht und Erde, An-zucht-er-de! So heißt das eben!" Er scharrte mit dem Fuß auf dem Gartenweg. Sarah schaute zu und er überlegte. Wie konnte er seiner kleinen Schwester dieses wirklich schwierige Wort ganz richtig beibringen? Er versuchte es noch einmal.

„Was wir auf den Komposthaufen werfen, alle Bioreste, daraus entsteht dann ganz von allein Familie Rumpelsteins Spe-zi-al-an-zucht-Erde!" Er suchte nach einer einfacheren Beschreibung und Sarah sah ihn erwartungsvoll an:

„Neue Erde aus Abfall! Das ist Familie Rumpelsteins Spezial-Anzucht-Erde! Und niemand auf der Welt hat diese Erde, nur wir ganz allein! Verstehst du das jetzt?"

„Ach so," Sarah war enttäuscht. „Ich denk' dabei immer an Papas Anzug! Warum heißt das dann Anzugerde? Das versteh' ich nicht!"
„Ach, Mäuschen!" rief die Mutter. Sie legte gerade Möhren in einen Korb und richtete sich auf. Nun wollte sie Marcus aber endlich von seinem Thema Kürbis oder Anzuchterde ablenken.
„Die Pflanzen, die du mir in den selbstgetöpferten Schalen zum Geburtstag geschenkt hast, die waren aber wirklich schön kräftig und gesund, Marcus!"

Aber Sarah richtete sich auf, stellte sich sogar hin und rief mit beleidigter Stimme: „Aber Mama! Diese Schalen hab' ich Dir doch getöpfert und Dir zum Geburtstag geschenkt!"
„Ja, ja, das meint Mama doch gar nicht! Nun setz dich wieder hin!" sagte Marcus ungeduldig zu Sarah, dann fuhr er die Schubkarre ruckartig hin und her. „Hör' doch endlich auf, du!" kreischte Sarah ängstlich. Aber Marcus lachte nur. Die Mutter schüttelte wieder den Kopf und Marcus schaute lieber nicht hin.

„Mama meint doch die Pflanzen, die meinetwegen in deinen oder meinen oder Mamas Schalen, in deiner Anzugerde auf meiner Fensterbank gewachsen sind!"

Marcus schüttelte die Karre, er betonte noch einmal: „Deine oder meine, das ist doch ganz piepe egal!"

„Ach so, die," murmelte Sarah. „Du hast aber erst nur 'ne Tüte mit den Kürbiskernen gekauft!" erinnerte sie sich.
„Stimmt fast genau. Ich hab' sogar zwei Tüten von meinem eigenen Taschengeld gekauft!"

Marcus hatte die Streitigkeit mit Sarah auch schon vergessen. Sie hatte sich nun wieder bequem hingesetzt. Sie hob ihre rechte Hand hoch, zeigte vier Finger und fragte: „...und zwei in jeder Tüte, die waren sowieso kaputt! Das stimmt doch?"

„Stimmt sogar ganz genau!" erwiderte Marcus. „Ich hab' nur vier Kürbiskerne eingepflanzt. Drei davon sind aber bloß gewachsen!"

„Stimmt genau," sie lachte.
„Warum gackerst du?" fragte Marcus gereizt.
„Wieso wohl, das weißt du ganz genau!"

Sie hielt sich schnell den Arm vors Gesicht und kicherte. Marcus schüttelte den Kopf. „Die Kürbissamen waren echt viel zu teuer!"
„Zu teuer?" fragte Sarah. Sie bemüht sich, das schwierige Wort Spezial-Anzucht-Erde ganz richtig auszusprechen: „Diese Spezial-Anzucht-Erde oder wie das noch heißt, die hast Du doch von unserem Komposthaufen geholt, oder?"

Die Mutter zeigte auf den großen Kürbis:

„Ja, etwas verstehe ich aber trotzdem nicht..., wie erklärst du dir das denn, Marcus? Weshalb sind einige Blüten eingetrocknet, die drei anderen aber zu Kürbissen herangewachsen?"

Sie sah Marcus aufmerksam an. Was dachte er wohl? Dieser Kürbis war wirklich viel größer geworden als alle anderen! Hatte er eine Erklärung?

„Weiß ich doch nicht!" rief er. „Zuerst hat ja die Igelin Emmi immer alles abgefressen!"

Schnell packte er die Schubkarre und rief: „Halt Dich fest, Sarah! Wir wollen 'mal sehen, wie viele Eier die Hühner gelegt haben!"

„O ja!" rief Sarah und schon fuhr Marcus mit ihr in Richtung Hühnerstall davon.

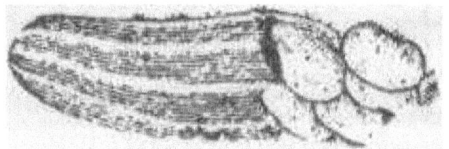

Der liebe Gott
macht das vielleicht

„Puh," sagte die Mutter und richtete sich auf., „mein Rücken tut schon weh!"

Sie schaute David an und meinte: „Siehst du, auch dein großer Bruder kann dir wirklich nicht erklären, wer denn nun den Kürbis so groß aufbläst!"

Die Mutter zeigte auf das Kürbisbeet. Zwischen den dunkelgrünen Broccoli- und den Tomatenpflanzen, da lag groß und geheimnisvoll der größte Kürbis, den sie je gesehen hatte!

„Was meinst du denn? David, hast du vielleicht eine Idee?"

„Der liebe Gott macht das vielleicht?" flüsterte David. Mama nickte nur. Sie legte wieder Möhren in den Korb und David dachte: 'Bis morgen oder übermorgen will sie bestimmt noch alle Möhren ernten und vielleicht auch noch den Kürbis?' Er überlegte angestrengt. Was sollte er jetzt noch sagen, wenn sie doch gar nicht mehr zuhörte?

Falter oder Schmetterling

„Ruf doch 'mal Marie. Ihr könnt noch die Äpfel und Birnen aufsammeln!"

Marie saß auf der Terrasse und machte Hausaufgaben. Hinter dem Weinlaub war sie fast nicht zu sehen. Nur an ihrem schwarzen Pferdeschwanz und dem roten Pulli konnte man sie erkennen. Das Laub des alten Weinstocks bildete eine richtige Wand. Bis hinauf aufs spitze Dach vom 'Lüt Sommerhus' war es in mehr als zweihundert Jahren gerankt. Wie viele dunkelblaue, fast schwarze Weintrauben in diesem Sommer in dem dichten Weinlaub hingen, konnte bestimmt niemand so ganz genau zählen. Es sah auch fast so aus, als wären es gar keine echten Früchte, so gleichmäßig groß waren sie. David blinzelte in die Sonne. „Schau, Mama! Jetzt kommen schon wieder zwei neue Schmetterlinge geflogen!" Die Mutter nickte, und David erklärte ihr ganz genau den Unterschied zwischen Falter und Schmetterling. „Siehst Du, Mama? Das ist ein Admiral! Das kannst du an den Streifen sehen! Das sind zwei Pfauenaugen! Und nun - ach, schade! Sie fliegen schon wieder fort!"

Sie schauten den davon flatternden Faltern oder Schmetterlingen nach. David zeigte auf die Tauben.

„Ob die wieder ein Nest bauen? Es ist doch bald Herbst!"

„Welche Tiere meinst du denn, die Tauben oder die Schmetterlinge?"

„Die bauen doch kein Nest, Mama!" rief David und schüttelte den Kopf. Sie lachte wieder und meinte:

„Siehst du! Du kennst dich also doch sehr gut mit Schmetterlingen und Fal-

tern aus? Ob das nun ein Falter oder doch eher ein Schmetterling ist, was meinst du?" fragte sie und zeigte auf einen Zitronenfalter.
„Vielleicht heißt er nur Zitronenfalter und ist ein Schmetterling, wo ist der Unterschied?"

„Sarah weiß das ganz genau! Die hat doch den ganz dicken Naturführer von Marcus zum Geburtstag gekriegt!"

Er sah seine Mutter an und flüsterte: „Mama, wann ernten wir denn den großen Kürbis?"

„Morgen oder übermorgen., 'mal sehen! Aber vielleicht sollten wir wirklich bald diesen Riesen-Luftballon-Kürbis ernten!"

„Riesenluftballonkürbis!! Da brauchen wir aber mindestens die Riesenluft-ballon-Schubkarre! Und Papa muss auch bei der Riesen-Luftballon-Kürbis-Ernte helfen!"

Ein Riesen-Luftballon-Kürbis

Dann rannte er so schnell er konnte auf die Terrasse. Er fuchtelte mit den Armen in der Luft herum und schrie:

„Marie, Marie! Ein Riesen-Luftballon-Kürbis! Riesen-Riesen-Riesen-Luftballonkürbis!"

„Was ist dir denn jetzt?" fragte Marie und klappte ihr Matheheft zu. „Was ist das denn, ein Riesen-Luftballon- Kürbis? Das gibt es doch gar nicht!"

„Gibt es aber doch!" rief David.
„Na, wenn du das sagst!" meinte Marie.

Bibbi, die alte Hündin, stand verschlafen auf, sie schien zu überlegen, ob David wohl mit ihr einen Spaziergang an den Strand machen wollte? Sie lauschte, hielt den Kopf schief und stellte ihre langen Schlappohren auf. David lachte und klatschte auffordernd in die Hände.

„Komm!" rief er, „Du kannst beim Äpfel aufsammeln helfen!" Aber Bibbi schüttelte den Kopf und legte sich wieder in die Sonne. „Weißt Du denn, wie der liebe Gott das macht?" fragte David seine Schwester.

„Was meinst du denn?" meinte Marie.

„Wie der liebe Gott das macht, den Kürbis, das meine ich! Warum der so groß wächst, dass er richtig wie ein aufgeblasener Luftballon aussieht!"

„Alles wächst nach Gottes Plan!" sagte Marie.

„Alles geschieht immer so, wie der liebe Gott es einmal geplant hat. Vielleicht hat er sich ja zuerst alles ganz genau aufgezeichnet! Sehr lange ist das jetzt schon her! Viele Millionen Jahre ist das her!" David sah seine große Schwester bewundernd an und flüsterte:

„Was für 'nen Plan hat er gehabt, Marie?"
„Ja, einen Plan eben! Wie und auch wann er sich alles machen will, was wachsen soll!" erklärte Marie.
"Wenn er Tiere und Menschen, den Himmel plant und dann auch alles richtig machen will, musste er doch zuerst die Erde und alle Pflanzen entwerfen! Das muss er doch wohl zuerst machen - oder?" Aber David schüttelte verständnislos den Kopf. Marie erklärte es noch einmal geduldig:

„Sein Plan muss doch schon fertig sein, damit die Blumen und Bäume auch ganz richtig auf der Erde wachsen können, das meine ich damit!"

Sie sah ihn von der Seite an und überlegte, was konnte er am besten verstehen? Sie hörte, wie sich Sarah und David immer noch über das neue Hühnerfutter und über das Gras im alten Auslauf unterhielten. Da fiel ihr das Richtige ein:

„Dann können doch erst Tiere oder Menschen kommen, oder? Verstehst Du das nun? Marie sah ihren kleinen Bruder erwartungsvoll an. Er nickte und lachte. Ja, jetzt hatte er das mit Gottes Plan endlich richtig verstanden!
„Damit die Tiere und Menschen auch alle immer genug zu essen haben! Das ist doch klar!"

Marie wollte David nun noch mehr über Gottes Plan erzählen, aber er unterbrach sie: „Marie! Wie macht er denn nun unseren Kürbis so groß wie einen Riesenluftballon? Womit macht er das?" Marie seufzte und antwortete: „Weil das doch schon so lange her ist, kennt niemand Gottes Plan so richtig! Ich doch auch nicht!"

David schwieg und sie sagte: „Wie er unseren Kürbis wachsen lässt? Geh' doch 'mal nachts in den Gemüsegarten. Vielleicht kann man dann sehen, wie er wächst!"

Er sah seine große Schwester wieder voll Bewunderung an. Das war eine wirklich gute Idee und er überlegte:

„Wenn der liebe Gott immer noch einen ganz richtigen Plan für die Pflanzen hat, dass die auch nach seinem Plan wachsen, vielleicht kann man das nachts erkennen! Meinst du, dass der Kürbis so wächst, genauso, wie er das haben will?"

„Klar, das weißt du doch. Alles wächst und lebt nur nach Gottes Plan!" antwortete Marie und warf den Apfelrest mit großem Schwung zu den Hühnern in den Auslauf.

David flüsterte ihr nun etwas ins Ohr, aber Marie konnte nicht verstehen, was er sagte. „Was sagst du? Sprich doch 'mal lauter, David!"

Da fragte er laut: „Kennst du Gottes Plan, Marie?"

„Ach, das weiß niemand genau! Das musst du ganz einfach nur glauben...", antwortete sie.
„Das lernt man nicht in der Schule?" David war sehr enttäuscht. Marie wich aus und sammelte die letzten Äpfel in den Korb.

Kürbis, Kartoffeln, Tomaten, Mais und Christoph Kolumbus

„Die Kürbispflanzen, auch die Kartoffeln, die Tomaten und der Mais, und noch einige andere Gemüsesorten gibt es bei uns erst seit einigen Jahrhunderten. Der Portugiese Christoph Kolumbus wollte einen schnelleren Weg nach Indien finden!"

„Hat er aber nicht!" unterbrach ihn Marie. „Kolumbus kam 1492 in Amerika an. Weil er dachte, er wäre nun in Indien, nannte er die Leute dort auch Indianer!"

„Stimmt, woher weißt du das denn, Marie?" fragte der Vater. „Das steht doch alles in diesen Büchern! Später sind dann auch viele Menschen aus Europa nach Amerika ausgewandert, die haben ihre Tiere und auch viele Pflanzen mitgenommen!"

„Das Gott alles geplant und gemacht hat, das musst du einfach glauben." erklärte Marie David. „Aber wir können ja 'mal in der Kinderbibel nachlesen! Da kannst du dir alles anschauen. Wenn du 'was über den Pflanzen-Schöpfungsplan wissen willst, das steht in der Schöpfungs-geschichte. Wie Gott den Paradiesgarten mit Adam und Eva macht, die Geschichte kennst du doch!"

David lächelte. Natürlich hatte er gleich an Mama gedacht. Sie hieß ja Eva. Nur schade, dass sein Vater nicht Adam hieß!

Marie bemerkte es nicht, sie erzählte weiter: „Sieben Tage brauchte der liebe Gott nur, dann war alles schon fertig! In der Geschichte vom Paradiesgarten, die mit Adam und Eva, das war später, da hat er alles noch viel schneller geschafft!"

„Auf Segelschiffen, so wie mein Uropa oder Klaus Störtebeker?" fragte David.

„Klar, andere Schiffe gab es zuerst noch nicht!" sagte Marcus. Auch er hatte zumindest alle Bilder in den Büchern schon ganz genau angeschaut. „Es gab aber noch andere Eroberer, und die haben Kartoffeln, Mais, Tomaten und Kürbisse aus der Neuen Welt mitgebracht!"

„Warum denn 'Neue Welt' - weil die da neu hingesegelt sind?" unterbrach nun Sarah ihren Bruder.

David holte die richtige Bibel. „Was steht da, liest doch 'mal vor", sagte er. Er ärgerte sich wieder, dass er noch nicht lesen konnte.

„Warum geh' ich noch nicht zur Schule, bin ich denn blöd?" fragte er Marcus.

„Die Schulärztin sagt, dass du noch zu klein und zart bist!" meinte Marcus und holte sein Kürbistagebuch.

„Das war im Mai, und nun bin ich auch schon sechs Jahre alt und überhaupt nicht mehr klein und zart!" sagte David trotzig. Er versuchte, in dem dicken Buch zu lesen. Selbst Papa hatte etwas dazu gesagt, nämlich:
„Noch nicht schulreif? So ein Blödsinn!"

Marcus zeigte auf den Hund. „Und wann werden Sie endlich eingeschult, Fräulein Bibbi Rumpelstein?" Bald nach dem Abendessen setzten sie sich alle ins Wohnzimmer, und der Vater las vor. Es war so, wie Marie es erzählt hatte. Der liebe Gott hatte sich wirklich einen richtigen Plan gemacht. In sieben Tagen war er mit der Arbeit schon fertig gewesen. Mit dem Himmel und der Erde, mit der Sonne, dem Mond, den Sternen, dem Land und dem Meer und allen Pflanzen und Tieren - ja, mit seiner Arbeit war er sehr zufrieden gewesen.

Sehr gut! Das hatte Gott gesagt und sich endlich ausgeruht. Als Papa das vorlas, nickten David und Sarah zufrieden, aber Marie und Marcus kicherten.

„Der kriegt vielleicht ein gutes Zeugnis!" sagte Marcus neidvoll. Marie war es ein wenig peinlich, sie meinte verlegen:

„Das kannst du doch nicht mit unserem Schulzeugnis vergleichen, Marcus! Bei Gott ist das doch bestimmt etwas anders gemeint! An Zensuren hat er ganz bestimmt nicht gedacht oder an Schule!"

Aber Mama lächelte nur und fragte: „Wenn du dir die Zensuren selber geben dürftest, Marcus, was schreibst du in dein Zeugnis?" Marcus konnte gar nicht so schnell antworten, denn Sarah rief schon: „Das war wieder alles sehr, sehr schlecht! Marcus Rumpelstein hat 'ne Sechs!"

Er lachte und antwortete: „Und bei dir, Sarah Rumpelstein, ist alles sehr gut - weil du ja noch gar nicht zur Schule gehst, ätsch!"

Im Paradiesgarten

„Mit dem Menschen war Gott aber gar nicht zufrieden!" sagte Marie plötzlich.

„Mit Adam und Eva hatte er nur Ärger!" rief Marcus und lachte leise.

„Warum denn Eva?" fragte Sarah, „das ist doch Mama?"
„Die heißt doch nur wie Mama!" erklärte David seiner kleinen Schwester.

„Warum?" fragte sie.
„Darum! Weil Oma und Opa ihr diesen Namen gegeben haben!" antwortete Marcus.

„Vielleicht hätte der liebe Gott Adam und Eva nicht gleich einen fertigen Garten geben sollen? Sie haben sich sicher in ihrem schönen Paradiesgarten nur gelangweilt!" meinte die Mutter.

„Die mussten auch nicht den Hühnerstall saubermachen, Unkraut jäten oder Familie Max und Eva Rumpelsteins Spezial-Anzuchterde vom Komposthaufen holen, gleich sieben und Sieben, Acht, Neun!" murmelte Marcus. David dachte sofort wieder an den dicken Kürbis. Er überlegte. Der Vater wusste doch immer alles.

„Papa, wie macht der liebe Gott das, warum wächst der Kürbis? Steht das auch in der Bibel?" fragte er.
„Warum der Kürbis wächst?" Alle sahen erwartungsvoll auf den Vater. Was würde er wohl antworten.
„Mmm...," er überlegte. „Um ehrlich zu sein, darüber habe ich mir noch niemals ernsthaft Gedanken gemacht!"

Papa holte ein ganz dickes Buch aus dem Regal. Es war ein Pflanzenlexikon! „K - wie Kürbis...", murmelte er. „Da, Kürbis... ach, da steht aber nicht viel Erhellendes über Kürbisse!" Er schlug das Buch gleich wieder zu.

„Ich will das Buch jetzt lesen!" murmelte David.
„Du gehst doch auch bald in die Schule und ich auch!," tröstete Sarah ihren Bruder und sich selbst.

„Ich bin doch kein Baby, ich kann doch genauso mit dem Schulbus fahren wie ihr!" murmelte er. Jeden Tag mit dem Schulbus über die Dörfer zu fahren, so wie Marcus und Marie, das fand David besonders aufregend. Er hatte sich so sehr darauf gefreut. Dann musste er nicht immer nur zuhören, was die beiden nach der Schule zu berichten hatten. Er wollte einfach auch mitreden können!

Marcus zeigte auf den Hund. „Und wann werden Sie endlich eingeschult, Fräulein Bibbi Rumpelstein?"

Der Vater las vor. Es war so, wie Marie es erzählt hatte. Der liebe Gott hatte sich einen richtigen Plan gemacht. In sieben Tagen war er schon fertig gewesen. Mit dem Himmel und der Erde, mit der Sonne, dem Mond, den Sternen, dem Land und dem Meer und allen Pflanzen und Tieren – ja, damit war er sehr zufrieden gewesen.

Sehr gut! Das hatte Gott gesagt und sich endlich ausgeruht. Als Papa das vorlas, nickten David und Sarah, aber Marie und Marcus kicherten.
„Der kriegt vielleicht ein gutes Zeugnis!" murmelte Marcus wieder. Marie war es ein wenig peinlich, sie meinte verlegen: „Das kannst du doch nicht mit einem Schulzeugnis vergleichen. Bei Gott ist das doch bestimmt anders gemeint. An Zeugnisse hat er bestimmt nicht gedacht."

„Warum der Kürbis wächst, das könnt ihr ja hier ganz genau erkennen! Viel Wärme und auch Wasser muss die Kürbispflanze nämlich haben. Auch eine ganz große Menge von Rumpelsteins Spezial-Anzugerde!"

Marcus betonte noch einmal: „Die richtige Spezial-anzucht-erde musst du natürlich haben!"

„Was sagst du, Marcus?" fragte Sarah. Ehe ihr Bruder antworten konnte, erklärte sie ihm ihr neues Bild.

Kürbis aus dem Labor

„Wenn es aber keine Schmetterlinge mehr gibt, weil es keine Pflanzen mehr gibt und auch unseren Garten nicht, unsere Schaukel, die Hühner, Emmi, Bibbi und...

Sie wurde von Marcus unterbrochen. „Stimmt ganz genau! Zeig' doch 'mal, was du da hast?"

Sie hatte schon wieder ein neues Malheft angefangen und Schmetterlinge gemalt.

„Die kann malen! Wenn du auch noch Bienen malst, die fehlen!" meinte er und gab Sarah das Malheft zurück.

„Hab' ich doch!" rief Sarah. Sie zeigte auf die Bienen. Tatsächlich, da saßen sie auf den braunen Kernen der großen Sonnenblumen!

„Bienen, Pflanzen, Tomaten und Kürbisse kann man künstlich viel größer, besser, sogar tausend Mal schöner und größer wachsen lassen! Ganz genau wie du sie gerade haben willst, auch die richtigen Farben kannst du dir selber aussuchen!"

Er sah David und Sarah prüfend an. „Alle Pflanzen kann man schon längst im Labor herstellen, auch einen noch viel größeren Kürbis!"

„Labor, was ist das denn?" fragte David und sah ihn zweifelnd an.
„Da macht man eben neue Pflanzen und auch...!" Marcus stockte, denn Sarah wollte etwas sagen. Deshalb fügte er ganz schnell hinzu:

„Das stimmt, was ich sage! Das hab' ich in Papas Zeitschrift gelesen! So große Kürbisse wie bei uns, die gab es noch nie auf der Erde!"

Unter den zweifelnden Blicken seines Bruders und seiner Schwester suchte Marcus nun nach anderen oder besseren Beispielen.

„Und so Kürbisse, wie wir sie haben, die hatten Adam und Eva bestimmt nicht in ihrem Paradiesgarten!"

„Ganz bestimmt waren die da! Nur noch viel größer!" widersprach Sarah sofort und David nickte heftig.

„Du kannst ja auf mein Bild gucken, da sind ja auch ganz große Kürbisse drauf! Der liebe Gott macht nämlich alles, wirklich alles! Warum lässt er denn unseren Kürbis so groß wachsen?"

Sie sah Marcus an und betonte: „Weil nur Gott so 'was kann!" Sarah holte noch einmal tief Luft und fragte ihren großen Bruder: „Das siehst du doch, oder bist du 'ne ganz blinde Kuh?"

David hielt den Atem an. Marcus überlegte, seine Stirn legte sich in Falten, dann brummte er:

„Meinetwegen, dann macht der liebe Gott das eben ganz alleine! Ich hab' ja auch gar nicht gesagt, dass er das jetzt nicht mehr alles selber macht!" Er stritt sich nur ganz selten mit seiner kleinen Schwester und David atmete weiter. Zum Glück kam die Mutter auch gerade mit dem Hund an der Leine ins Zimmer.

„Marcus, gehst du mit mir und Bibbi noch eine Runde?" fragte sie. Marcus stand erleichtert auf und packte sein Kürbistagebuch ein. „Klar!" rief er und war schon fort. David sah seine Schwester an. Sie kicherte. „Der spinnt doch selber! Ganz bestimmt! Glaubst Du das, was er erzählt?"

David schüttelte den Kopf. Sarah packte nun auch ihre Malsachen ein.

„Pflanzen selber machen??... Vielleicht 'nen schwarzen Kürbis, oder rot?! Piep, Piep, Piep!" sagte sie.

David lachte, und sie gingen in ihr Zimmer. Als sie schon ins Bett gegangen waren, unterhielten sie sich aber immer noch über den Kürbis aus dem Labor.

„Warum wird der Kürbis so groß? Warum sind unsere Sonnenblumen so groß?" fragte Sarah und lachte. Sie gab sich auch gleich die Antwort: „... die hat Marcus bestimmt alle künstlich gemacht! In dem Dingsda - dem, wie heißt das noch? Ich glaub', das heißt Labor?"

David lachte. Er hatte natürlich auch die Bilder in Papas Zeitschrift angeschaut. Marie hatte ihm alles vorlesen müssen, was da über Pflanzen aus dem Labor stand. Sarah fragte aber schon: „Das waren doch erst nur so komische Kerne, wie Hühnerfutter? Weißt du noch, wie Marcus geschimpft hat, als Hinkel und seine Hühnerfrauen das Beet mit den Kürbissen und den Riesensonnenblumen umgekratzt haben?"

Sie zog sich schnell die Decke über den Kopf. Sie gluckerte und schnappte nach Luft. Aber ehe David antworten konnte, da rief sie schon so laut sie nur konnte: „Nun sieht Mamas zerkratzter Kürbis wie ein geplatzter Luftballon aus!" Sie sprang auf dem Bett herum und bekam vor Lachen kaum noch Luft. „Peng! Geplatzt!" schrie sie und ließ sich auf das Bett fallen.

„Pssst!" flüsterte David. Er hörte, wie die Mutter und Marcus mit dem Hund nach Hause kamen. Da zogen sie schnell wieder die Decken über den Kopf und lachten in die Kissen hinein.

„Riesenluftballonkürbis! Ga-ga-ga-ga-gack!"
schrie Sarah unter ihrer Decke und gackerte wie ein Huhn. David rang schon nach Luft. Doch dann brüllte er so laut er konnte in sein Kopfkissen hinein:

„Riesen-Luftballon-Kürbis! Peng! Peng!"

„Ga-ga-ga-gack und Peng! Peng! Du bist geplatzt!" kam es gleich von Sarah zurück. Dann lauschten sie und hörten, wie die Mutter mit Marcus und Papa sprach. Auch Maries Stimme war zu hören. Nun war es im Haus wieder ruhig geworden, und Sarah schwieg. David lag ganz still, schließlich flüsterte er:

„Sarah, schläfst du schon?" Sie antwortete nicht. Sie schläft!" flüsterte er.

Warum ist der Mond so groß?

Groß und gelb sah David den Vollmond über dem Meer stehen. Als die Mutter noch einmal ins Zimmer kam, flüsterte David:

„Mama, warum ist der Mond so groß? Wer hat ihn aufgeblasen?"
„Niemand. Es ist ja Vollmond!"

Sie standen auf dem Balkon und schauten auf die See. „Der Mond muss von der Sonne beschienen sein, nur dann können wir ihn sehen. Er leuchtet ja nicht von alleine," versuchte die Mutter ihm zu erklären.

„Ach so," murmelte David abwesend, und die Mutter suchte nach Worten: „Deshalb ist der Mond an einigen Tagen nur so schmal wie ein Apfelsinenschnitzchen zu sehen, manchmal eben auch gar nicht..."

„Wieso denn das nicht, Mama? Ist der Mond nicht immer am Himmel?"

„Doch, er ist immer dort oben, genau wie die Sonne. Aber er ist nicht immer zu sehen." Sie suchte weiter nach verständlichen Worten. „Der Mond läuft oder kreist eben um die Erde ...", aber David schüttelte zweifelnd den Kopf.

„Das geht doch gar nicht, kreisen? Das versteh ich nicht! Dann stimmt das gar nicht, was Papa und Marie heute aus der Bibel vorgelesen haben?"

„Dann hat der liebe Gott gar nicht die Erde, den Mond, die Sterne, die Sonne gemacht?" flüsterte er und sah die Mutter forschend an. Sie suchte weiter nach verständlichen Worten. „Der Mond läuft oder kreist eben um die Erde. Wenn er wieder ganz von der Sonne beschienen wird, so wie heute, dann ist Vollmond" sagte sie, aber David lachte.

"Psst.., du weckst ja Sarah auf!" Sie trug ihn wieder ins Bett zurück und deckte ihn fest zu. David musste wirklich gähnen. Müde und auch gelangweilt schloss er die Augen. So war es also mit dem Mond. Nicht einmal Sarah konnte er diese seltsame Geschichte vom Mond erzählen, denn sie schlief schon fest. Er hörte sie gleichmäßig atmen. Die Mutter ging nun leise aus dem Zimmer.

Alles war ganz still geworden. Es war nun so ruhig im Haus, dass David das Meer rauschen hörte. Immer gleichmäßig schlugen die Wellen an den Strand. Ob das Käuzchen wohl auch schon wach war und oben in der Föhre saß? Sollte er nun aufstehen und den Kürbis einfach noch einmal ganz genau anschauen?

Schon schlich er vorsichtig auf Zehenspitzen ins Treppenhaus. Ja, überall war das Licht gelöscht. Bibbi lag schon in ihrem Korb. Sie schaute nicht einmal auf, auch sie schlief ganz fest!

Dem Geheimnis auf der Spur

Wie wächst ein Kürbis? Am Tage war doch wirklich gar nichts zu erkennen! Dann musste doch nachts irgend etwas dort im Garten mit den Pflanzen geschehen! Ja, Marie hatte das auch gesagt. Heute noch wollte er diesem großen Geheimnis auf die Spur kommen! Morgen sollte der Kürbis vielleicht schon geerntet und ins Haus geholt werden.

David dachte plötzlich daran, dass sie dann wie im letzten Jahr den Kürbis aushöhlen und als Kürbisgeist vor die Pforte stellen würden. Ja, wenn er heute nicht sehen konnte, was nachts im Gemüsegarten geschah, wäre es für dieses Jahr zu spät!

„Ist ja klar, das mit dem Mond!" sagte David laut und ging vorsichtig am Gartenteich vorbei.

„Aber der Kürbis ist ja schließlich kein Mond, oder?" fragte er den Kater Dadda. Ja, der Garten lag wirklich geheimnisvoll und still da. Kein Laut war zu hören. Nicht einmal ein Blatt bewegte sich. Auch das Käuzchen war nicht zu hören. Pflanzen warfen lange Schatten. David sah den Mond. Hoch über ihm war ein unendlicher Himmel zu sehen.

Kater Dadda sah ihn fragend an und strich wie zur Antwort um seine bloßen Beine. Der Kürbis lag an derselben Stelle wie nachmittags. Die Ranken sahen etwas unheimlich aus! Leise und ganz vorsichtig setzte David sich auf einen dieser großen Steine nahe beim Kürbis. Es war mühsam, wach zu bleiben. Er stand also auf und ging ein paar Schritte. Die kleinen Steinchen auf dem Weg stachen ein wenig in seine bloßen Füße. Plötzlich hörte er ein zartes Geräusch. Woher kam es?

David lauschte. Sein Herz klopfte rascher. Sollte er weglaufen? Er hielt den Atem an. Dadda hatte sich nun auf den Weg gelegt. Er schaute David wieder fragend an. Ja, jetzt hatte er doch Angst! Aber gleichzeitig war er auch neugierig. Er dachte in diesem Augenblick: 'Gleich werde ich ganz genau sehen, wie der liebe Gott das macht, wer den Kürbis so groß aufbläst!'

Dieses merkwürdige Geräusch dauerte eine ganze Weile. Es hörte auf, begann dann gleich wieder von vorn. David war nun wieder hellwach. War er dem Geheimnis auf die Spur gekommen!?

Er holte tief Luft und lauschte angestrengt. Vielleicht war es auch nur das Käuzchen gewesen? Aber plötzlich sah er etwas!

Es war die Igelin Emmi!

Sie stand neben dem großen Kürbis! Aber ehe David nun richtig schauen konnte, was sie da eigentlich tat, ach, es war wirklich zu dumm! Ja, gerade in diesem Augenblick kam die Mutter in den Gemüsegarten. David wusste nicht so recht, was er nun machen sollte. Verstecken konnte er sich ja nicht mehr!

Der Mond schickte sein fahles Licht über alle Beete. Die Mutter konnte ihn doch dort sitzen sehen. David beobachtete, wie die Mutter vorsichtig am Gartenteich vorbeiging und nun geradewegs auf ihn zukam. Sie lächelte, das konnte er auch ganz deutlich erkennen. Aber ehe er noch irgendetwas tun konnte, stand die Mutter schon vor ihm. Und Emmi? Sie war davongelaufen! David konnte gerade noch erkennen, wie sie unter die dichte Haselnusshecke lief. Sogar zu hören war sie! Es raschelte. Emmi verschwand in ihrem Nest unter dem Holzschuppen.
Aber da sagte die Mutter schon: „Mitten in der Nacht barfuss im Garten?"

Sie hob ihn hoch. Oben am Himmel sah er den riesigen Mond. Der Kürbis lag geheimnisvoll im Gemüsegarten. Beide so gelb, so groß wie aufgeblasene Luftballons. Auch das konnte er ganz genau sehen!

„Mitten in der Nacht barfuss im Garten!" wiederholte die Mutter. David wagte nicht zu widersprechen. Wenn die Mutter es doch nur etwas später gemerkt hätte! Vielleicht nur eine einzige Minute später, dann... Ja, was hätte David dann gesehen?

Er seufzte und drückte seinen Kopf fest an die warme Schulter der Mutter. „Ganz bestimmt, Mama!" flüsterte er. „Ich hätte beinahe alles gesehen! Wer den Kürbis aufbläst!" rief er enttäuscht und hämmerte mit der Hand auf die Schulter der Mutter. Er kämpfte mit den Tränen.

„Au! du tust mir ja weh!" sagte sie nur. Dann öffnete sie leise die Haustür. Nun musste er aber doch weinen, die Tränen kullerten über sein Gesicht!

Die alte Hündin reckte sich und gähnte. Sie blieb aber in ihrem Korb liegen. Sie schaute nur schläfrig zu, wie die Mutter David auf dem Arm die Treppe wieder hinauftrug. Sie brachte ihn ins warme Bett zurück, deckte ihn zu und streichelte seine nasse Wange.

„Morgen ist doch auch noch ein Tag! Nun musst du aber erst einmal schlafen!" versuchte sie ihn zu trösten. Sie nahm ein Taschentuch und wischte seine Tränen ab.

„Siehst du, Sarah schläft und der Mond schaut auch nicht mehr ins Fenster! Komm, sei nicht so traurig!" „Nun muss ich aber bis zum nächsten Jahr warten! Warum wächst der Kürbis, Mama? Du weißt es doch auch nicht!" schluchzte David enttäuscht. Sie seufzte, dann streichelte sie ihn wieder.

„Ja, wer lässt alles so schön wachsen? Doch nur der liebe Gott!" Sie deckte ihn nochmals fest zu. „Bald feiern wir das Erntedankfest..." flüsterte sie. Aber David hörte gar nicht mehr, was sie erzählte. Er war schon eingeschlafen. So stand die Mutter noch eine Weile sehr nachdenklich am Fenster und schaute aufs Meer. Wie ruhig und geheimnisvoll alles war! Gab es denn eine Antwort auf alle diese Fragen?

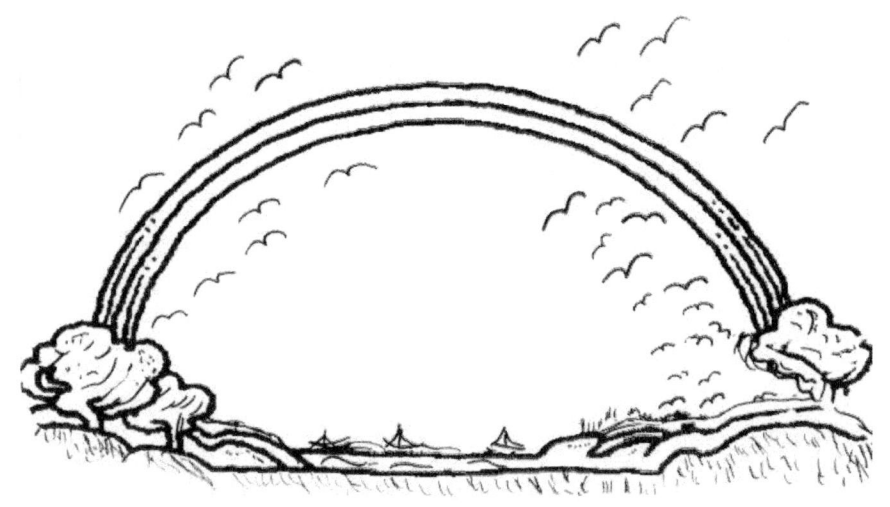

Solange die Erde steht
soll nicht aufhören
Saat und Ernte,
Frost und Hitze,
Sommer und Winter,
Tag und Nacht

Erntedankfest

Die Tage bis zum Erntedankfest vergingen sehr schnell. Da lag der dicke Rumpelsteinkürbis nun in der Kirche neben den vielen anderen Gaben, den Blumen und Gartenfrüchten, dem Heu und Stroh, den Getreidegarben und den Riesensonnenblumen vor dem Altar.

Sarah und David, Marcus und Marie saßen gleich vorn in der ersten Reihe. Besonders David schaute sehr genau zu, was der Pfarrer tat. Er konnte auch das große Brot gut sehen. Der Stadtbäcker Schlapp hatte es gebacken. Das hatten die alten Frauen vor dem Gottesdienst erzählt. Es lag neben dem Krug mit dem Abendmahlswein und der Silberschale mit den blauen Trauben. Ja, es waren die Weintrauben, die an Familie Rumpelsteins 'Lüt Sommerhus' in Winterfeld gewachsen waren. Das hatten die Frauen aber wohl nicht gewusst. Sie hatten aber genau berichtet, in welchem Garten die Blumen gewachsen, und wann sie in die Kirche gebracht worden waren. David hatte zugehört und sich alles ganz genau gemerkt. Den Kürbis hatten sie auch bewundert und gemeint, dass sie einen so großen noch niemals gesehen hätten. Aber die Ernte sei wohl in diesem Jahr allgemein sehr gut ausgefallen. Ja, man sah es an den Gaben, ein heißer Sommer war nun vorbei. Alles war gut gewachsen.

David wurde es ganz festlich zu Mute. Es war fast so geheimnisvoll wie am Heiligen Abend. Auch dann bewunderten immer alle den Altarschmuck, den Weihnachtsbaum und die Krippenfiguren. Auch heute sangen die Gottesdienstbesucher, der Pfarrer erzählte eine besondere Geschichte. Natürlich nicht die von Jesus Geburt! Es war Herbst, und sie feierten ja hier in der Kirche das Erntedankfest. Die Geschichte handelte von dem Ende der Sintflut. Zuerst hatte Noah alle Tiere versammelt und in seine selbstgebaute Arche brachte. Sie waren alle gerettet worden und konnten wieder auf das trockene

Land gehen. Der liebe Gott hatte einen großen Regenbogen über das Wasser und die Erde gespannt. Dann hatte er Noah und all den anderen Menschen auf der Erde versprochen, dass er sie nicht mehr bestrafen wollte. Sie sollten nun immer gute Ernten haben. Noah war Bauer geworden und pflanzte auch Wein an.

Da stieß Sarah David an und flüsterte: „Hörst du! Noah und seine Frau und seine Kinder hatten auch einen Garten und sogar viele Weintrauben an ihrem Haus!"

David nickte und flüsterte zurück: „Noah war ein ganz richtiger Weinbauer!"

„Der hatte auch Kürbisse wie wir, bestimmt!" meinte Sarah und zeigte auf ihr neues Malheft. Sie wollte diese Geschichte sofort malen. Sie packte gleich die neuen Wachsmalstifte aus. Aber einer fiel zu Boden und rollte fast bis an den Kürbis heran.

„Pssst!" mahnte Marie und hielt den Zeigefinger vor ihre Lippen. David lachte leise. Der Pfarrer zeigte auf den Malstift und fragte:

„Gehört er Dir, Sarah?"

„Ja! rief sie, „das ist unser Kürbis!"
Sie zeigte auf den Riesenluftballon- Kürbis: „Das ist der allergrößte, der in unserem Garten im Sommer in Winterfeld gewachsen ist. Er wiegt aber mindestens zehn Zentner und hat ganz bestimmt über tausend Kürbiskerne!" Sarah überlegte, und dann erklärte sie dem Pfarrer, warum das mit den vielen Kernen so wichtig war: „Marcus und David werden dann bald ganz richtige Millio...Millionen … Millionäre!"

Sie stockte, wurde rot und flüsterte verlegen: „Herr Kolumbus aus Amerika hat uns eigentlich diesen dicken Kürbis geschenkt!"

Marcus, Marie und auch David hielten den Atem an und warteten, was der Pfarrer wohl antworten würde. Er lachte freundlich, gab Sarah den Wachsmalstift und meinte: „Wenn es ein Geschenk für Euch war, dann müsst ihr den Kürbis aber nach dem Gottesdienst gleich wieder mit nach Hause nehmen!"

Auf dem Weg wieder nach Hause

Und so geschah es auch. Der Pfarrer schleppte den großen Kürbis zum Auto. Mama schloss auf, und der Kürbis wurde auf den Beifahrersitz gelegt. Da saß oder lag er nun. Aber er lastete so groß und schwer auf der Handbremse, dass er nochmals verschoben werden musste. Das dauerte eine ganze Weile. Mama löste die Handbremse, der Pfarrer hielt den Kürbis hoch, und endlich konnte er richtig hingelegt werden!

Marie, Marcus, David und Sarah hatten sich schon hingesetzt. Sie beobachteten aufmerksam, wie die beiden nun versuchten, den dicken Kürbis so hinzulegen, dass die Handbremse auch noch bedient werden konnte. Aber das war schwierig. Mutter meinte schließlich, es müsste heute auch einmal ohne Handbremsung gehen. Marie zog die linke Augenbraue hoch. Das tat sie immer, wenn sie etwas nicht so gut fand. Sie sagte aber nichts, sah David nur vielsagend von der Seite an.

„Erst klicken, dann starten...", scherzte der Pfarrer, legte dem Kürbis den Sicherheitsgurt über und lachte. Er wünschte allen noch eine gute Fahrt, sie sollten den Vater grüßen und sich das Mittagessen gut schmecken lassen. Er winkte Mama noch aus der Parklücke heraus, und sie fuhr langsam und vorsichtig los.

Die Straße vom Marktplatz zum Hafen und über die Felder nach Winterfeld hatte viele Schlaglöcher. Wirklich, Mamas gelber Beifahrer hätte einen richtigen Kürbis-Sicherheitsgurt gebrauchen können. Es war nur gut, dass der Kürbis so schwer war, da saß er wenigstens fest und unverrutschbar im Sitz! Mutter saß auch ganz gerade vor dem Lenkrad und bremste gleich bei jeder Gelegenheit. Das war für sie eine aufregende Autofahrt. An der Ampel warteten einige Fußgänger. Ein alter Mann nahm seinen Hut ab und grüßte.

„Kiek, der spinnt doch!" murmelte Marcus. Aber Mutter sagte nichts. Sie fuhr auch viel zu langsam um die Ecke. Eine Frau starrte fassungslos auf das Rumpelsteinauto. Dann sagte sie etwas zu ihrer Nachbarin und zeigte auf den Polizisten. David drehte sich um, ob sie die Polizei rufen wollten? Ja, alles war sehr aufregend! Aber die Frauen gingen dann doch kopfschüttelnd weiter und David war enttäuscht. Was hätte der Polizist wohl zu diesem dicken Kürbis gesagt? So einen hatte er bestimmt noch nicht gesehen!

Im Hafen lag wieder das große Segelschulschiff. Ein ganz echter Klaus-Störtebeker-Seeräubersegler war das! Matrosen standen an Deck, Besucher gingen gerade von Bord. Sarah dachte sofort an Herrn Kolumbus und rief:

„Ist das der neue Viermaster - vielleicht so einer, wie Herr Christoph Kolumbus aus Amerika auf der Pieningschen Werft gestern gekauft hat?"

Niemand antwortete. Sie konnte auch nur flüchtig hinschauen. Sie hatte jetzt genug damit zu tun, Mama genau beim Autofahren zu beobachten. Da zogen gerade einige Segler ihre Boote zum Wasser herunter. Sie versperrten die Straße, und Mama musste plötzlich scharf bremsen. Marcus murmelte wieder etwas, und David klammerte sich an Marie fest.

Nun saß Mama noch gerader und hatte das Gesicht fast an der Windschutzscheibe. Sie mussten eine Weile warten. Dann konnten sie endlich weiterfahren. Mama fuhr nun noch langsamer. Die Fahrer hinter ihnen hupten schon ganz aufgeregt! Aber die Mutter ließ sich nicht aus der Ruhe bringen. So kamen sie wohlbehalten in Winterfeld an. Papa schaute erstaunt in das Auto. „Wir können den Kürbis behalten!" rief Sarah. Er ließ sich alles ganz genau erzählen. Dann schleppten sie den Kürbis ins Haus. Da lag er nun geheimnisvoll auf der Diele des „Lüt Sommerhus"! Alle standen um ihn herum. Niemand sagte etwas. Sogar Bibbi hatte sich still hingesetzt, nur die

Katzen standen unschlüssig vor der verschlossenen Küchentür. Marcus schüttelte den Kopf. Marie kaute auf der Unterlippe und David seufzte.

Wer ließ den Kürbis nur so groß wachsen? Sarah wusste es. Sie legte die Hände auf den Kürbis und sagte:

„Natürlich der liebe Gott! Der macht doch immer alles!"

Vorlesebuch für Vor- und Grundschulkinder

Heike Hagenmaier

Pflanzenschöpfungsgeschichte - Wer bläst den Kürbis auf?

Erntedankfest

2. vollkommen überarbeitete Neuauflage.

September 2021

Wie kam es eigentlich zu diesem Vorlesebuch für Vor- und Grundschulkinder?

Heike Hagenmaier erhielt 1979 vom Evangelischen Rundfunk- und Fernsehreferat der norddeutschen Landeskirchen den ersten Preis für ihr Drehbuch: „Kain, der eigentlich Marcus Hagen hieß…" In der Folge erschien 1994 unter ihrem Pseudonym Eva Maries die Pflanzenschöpfungsgeschichte „Wer bläst den Kürbis auf?"

Über die Autorin Heike Hagenmaier

Sie wurde 1939 in Glückstadt geboren und ist Mutter von vier Kindern und sieben Enkelkindern. Sie lebt zurückgezogen mit ihrem Mann und Hund in einem kleinen Dorf an der Ostseeküste. Sie ist Logopädin, Gesprächstherapeutin, Seelsorgerin und arbeitete in eigener Praxis. Viele Jahre war sie auch im Auftrag des Kultusministeriums Schleswig-Holstein in der Fortbildung für Sprachentwicklung sowie im Zusammenhang mit Legasthenie für Sprachförderung in Kindergarten und Grundschule tätig.